Chakren

Chakren heilen, öffnen und ausgleichen

Inhaltsverzeichnis

Einleitung

Liebe Leserin und lieber Leser,

Sehr schön, dass du dich genau für dieses Buch entschieden hast! In diesem Buch finden besonders Einsteiger in das Thema Chakren einen ersten Einblick, das notwendige Basiswissen für die Arbeit mit den Chakren im Alltag und einen Zugang zu einer spirituellen, immateriellen Welt, die neben unserer materiellen Welt existiert.

Immer mehr Menschen in unserer westlichen Welt begeistern und interessieren sich für die Thematik der Chakren. Das Wissen um die Chakren stammt aus dem Hinduismus, lässt sich aber auch ohne religiöse Ausrichtung ganz einfach in unseren Alltag integrieren, indem wir durch Meditation mit unseren Chakren arbeiten. Einige Menschen, darunter wahrscheinlich auch du, geben sich nicht mehr länger mit oberflächlichen Erklärungsversuchen der Schulmedizin zufrieden und suchen nach tiefergehenden Erklärungsmodellen und dem großen Zusammenhang zwischen körperlicher und geistiger Gesundheit. Und da kommt die Philosophie der Chakren grade recht, denn diese Philosophie beschreibt unser Leben und unsere Gesundheit in einem ganzheitlichen Charakter. Du bist keineswegs alleine mit deinem Interesse an den Chakren und der Arbeit mit ihnen und wirst auf deinem Weg sicherlich viele Mitstreiter und Interessierte finden, mit denen du dich austauschen kannst.

Was erwartet dich in diesem Buch? Zunächst einmal natürlich das Basiswissen über die Chakren: Woher stammt das Wissen über sie, was sind Chakren eigentlich und was hat es mit der feinstofflichen und grobstofflichen Welt auf sich? Keine Sorge, auch wenn die Begriffe „feinstofflich“ und „grobstofflich“ jetzt noch Fremdwörter für dich sind, am Ende des Buches bist du ein kleiner Chakren-Profi. Die Chakren sind kleine

Energiewirbel, von denen es sieben Stück gibt und die unseren Körper mit unserem Geist verbinden. Du siehst, wir dringen Schritt für Schritt tiefer in die Welt der Chakren ein. Selbstverständlich erwartet dich eine ausführliche Beschreibung der sieben einzelnen Chakren, damit du genau über sie Bescheid weißt. Was nicht fehlen darf, ist die Chakren Meditation, damit du nicht nur das theoretische Wissen über die Chakren hast, sondern dieses Wissen auch praktisch im Alltag für deine geistige und körperliche Gesundheit nutzen kannst. Gestörte oder unausgeglichene Chakren können ein Grund für ein körperlich oder seelisches Ungleichgewicht sein. Ich helfe dir herauszufinden, wo deine Stärken und Schwachstellen liegen, sodass du mehr über dich selbst lernst und die Chakren Meditation perfekt auf dich abstimmen kannst. Das Ziel ist es, alle Chakren zu öffnen und offen zu halten, was eine ganz schöne Herausforderung ist und mitunter Jahre dauern kann! Durch tägliches Meditieren wirst du aber sehr schnell entspannter und achtsamer – die positive Wirkung deiner Arbeit kannst du also schon nach einigen Tagen oder Wochen spüren!

Dir werden im Laufe dieses Buches einige Fachbegriffe aus dem Sanskrit, einer altindischen Sprache, begegnen, da die Wissenschaft der Chakren eine altindische Philosophie ist. Die neuen Fachbegriffe werden gut erklärt, sodass du keine Verständnisprobleme haben solltest!

Freu dich also auf neues Wissen, spannende neue Erfahrungen und darauf, eine neue Facette deines Seins kennenzulernen! Ich wünsche dir viel Spaß beim Lernen und Ausprobieren! Neugierig? Los geht es!

Kapitel 1: Was genau sind Chakren?

Bevor wir uns näher mit der Chakren-Arbeit, der Chakren-Meditation, im Alltag beschäftigen, widmen wir uns zunächst dem Basiswissen über Chakren. Was genau sind Chakren? Woher stammt der Begriff Chakra und wo hat die Philosophie der Chakren ihren Ursprung? Gibt es das Konzept der Chakren in verschiedenen Kulturen? Wie gelangte das Wissen über die Chakren in unsere westliche Kultur? Können die Chakren im Körper lokalisiert werden und welche Aufgabe erfüllen sie in unserem Körper? Welchen Einfluss haben die Chakren auf unsere Psyche? Fragen über Fragen – lass uns starten!

Chakren sind feinstoffliche Wirbel

Die Wörter Chakra (Singular) und Chakren (Plural) stammen aus der altindischen Sprache Sanskrit. Das Konzept der Chakren hat in der altindischen Philosophie seinen Ursprung. Chakra kann mit der Bedeutung von Kreis, Rad oder Wirbel ins Deutsche übertragen werden. Vor allem für die spirituellen Aspekte beim Yoga, beim Reiki, beim Ayurveda, bei der Meditation oder bei der traditionellen chinesischen Medizin spielen die Chakren eine wichtige Rolle. Für die westliche Schulmedizin sind sie unbedeutend.

Die Chakren sind feinstoffliche (= zwischen materiell und immateriell liegend) Wirbel oder Energiekugeln, die es an sieben Punkten im Körper gibt. Sie ragen einige Zentimeter über den Körper hinaus, sind aber für die meisten Menschen nicht sichtbar, da sie immateriell sind. Diese Energiekugeln führen im Idealfall, sofern sie also nicht blockiert sind, eine trichterförmige Bewegung aus und ziehen somit die um uns befindliche Energie an. Diese aufgenommene Energie ist die Lebensenergie, die im Sanskrit Prana genannt wird. Unser

Körper benötigt Prana für unsere körperliche und geistige Gesundheit, sowie für spirituelle Vorgänge. Falls die Chakren blockiert sind oder sich in die falsche Richtung drehen, kann Prana nicht ideal aufgenommen werden – hier entstehen geistige und körperliche Probleme, da die Chakren mit verschiedenen Organen und Nerven verbunden sind. Das Ziel ist es also für langfristige geistige und körperliche Gesundheit die Chakren auszugleichen und zu harmonisieren.

Wir alle haben als winzig kleiner Fötus im Mutterleib begonnen. Zu diesem Zeitpunkt besteht der Fötus aus einem einzigen Chakra, das sich im Herzen befindet. Das Herz wächst und mit ihm das Zentrum des Chakras, aus dem sich sechs weitere Zentren bilden, sodass letztendlich sieben Zentren für die sieben Chakren vorhanden sind. In den ersten sieben Lebensjahren werden diese Chakren nach und nach durch die Bewusstseinsentwicklung des Kindes beginnend mit dem untersten Chakra, dem Wurzelchakra, aktiviert. Und was passiert mit den Chakren bei unserem Tod? Die Chakren sterben mit dem physischen Körper eines Menschen, da nun keine Verbindung zwischen dem physischen und feinstofflichen Körper mehr notwendig ist.

Der Ursprung der Chakren-Philosophie

Der Ursprung der Chakren-Philosophie liegt im tantrischen Hinduismus und ist in den Schriften, z.B. den Veden, beschrieben. Die Veden (Veda ist Sanskrit und bedeutet Wissen) sind eine Sammlung religiöser, hinduistischer, philosophischer Texte, die zunächst mündlich tradiert und dann später schriftlich festgehalten wurden. Sie bilden einen großen Teil der heiligen hinduistischen Schriften und sind nach wie vor für die praktizierenden Hindus unglaublich wichtig. Die Upanishaden sind eine Sammlung altindischer philosophischer Schriften des Hinduismus und bilden einen

Teil der Veden. In den Upanishaden wird die Philosophie der Chakren genauer beschrieben. Auch in den Schriften des Tantrismus werden die Chakren erwähnt. Tantra ist eine altindische philosophische/religiöse Strömung. Das Wort Tantra kommt natürlich aus dem Sanskrit und bedeutet Kontinuum. Im Tantrismus werden die Chakren in den Schriften Sat-Chakra-Nirupana, Padaka-Pancaka und Gorakshashatakam erwähnt. In den Quellen wird beschrieben, dass die Chakren die Verbindung zwischen unserem physischen und feinstofflichen Körper sind.

Die Chakren in verschiedenen Kulturen

Die zuvor beschriebenen Quellen sind die ältesten Quellen, die die Chakren erwähnen. Allerdings wird die Philosophie der Chakren auch ganz ähnlich in Schriften anderer Kulturen erwähnt. So ist bekannt, dass beispielsweise die Inka ein dem Chakra-System des Hinduismus ganz ähnliches Verständnis über die Chakren hatten. Bei den Inka gab es allerdings neun statt wie im Hinduismus sieben Chakren. Eine mündlich überlieferte Lehre über sechs Chakren gibt es in der tibetischen Bön Religion, die später eine Fusion mit dem Buddhismus einging. Auch bei den Hopi Indianern, bei den Cherokee und den Zulu gibt es ein ganz ähnliches Chakren-System.

Und wie steht es mit dem Wissen über Chakren auf unserem Kontinent? In früherer Zeit hat es dieses Wissen wohl gegeben, leider ist dies verloren gegangen. Ganzheitlich denkende Philosophen, wie beispielsweise der Österreicher Rudolf Steiner, haben das Wissen über die Chakren in der Neuzeit auf unserem Kontinent wiederbelebt. Heute ist das Wissen über die Chakren unter Esoterikern und Anthroposophen, die sich intensiv mit den spirituellen Facetten des Menschseins auseinandersetzen, stark verbreitet.

Wo finden wir die Chakren?

Die Chakren sitzen entlang der Wirbelsäule und sind durch eine Energielinie (Sushumna-Nadi), die sich genau auf dieser Ebene befindet, miteinander verbunden. Der Begriff Sushumna-Nadi stammt, wie du dir sicherlich schon denken kannst, aus dem Sanskrit und bedeutet Zentralkanal-Röhre, durch die Prana durch den Körper fließen kann. Über diese Energielinie wird die durch die Chakren aufgenommene Energie (Prana) im physischen Körper verteilt. Jedes Chakra versorgt einen bestimmten Teil des Körpers mit Lebensenergie (Prana). Die Sushumna-Nadi ist nicht nur für die Lebensenergie ein Kanal, sondern auch für die Kundalini. Die Kundalini wird in den Schriften des Tantras als Schlangenkraft des Menschen beschrieben und stammt von dem Wort Kundala, was so viel wie „gewunden" bedeutet. Diese Schlangenkraft des Menschen sitzt an der unteren Wirbelsäule im ersten Chakra-Punkt, dem Wurzelchakra, und steigt bei gut arbeitenden Chakren die Energielinie entlang den sechs weiteren Chakren hoch bis zum obersten Chakra, dem Kronenchakra. Die Erwachung der Kundalini und ihr Erreichen des Kronenchakras ist für viele Menschen das Ziel schlechthin, da dies zur Erleuchtung führt.

Je nachdem wie gut oder schlecht die einzelnen Chakren arbeiten, haben sie einen positiven oder negativen Effekt auf unseren Charakter, unsere geistige und körperliche Gesundheit, also unsere Organe und Emotionen, sowie unser Wohlbefinden.

Was können die Energiewirbel?

Die sieben Chakren haben als eine Art feinstoffliche Empfangsstation die Aufgabe unserem physischen Körper Energie (Prana!) aus unserer Umwelt zuzuführen. Diese Energie benötigen wir für unsere persönliche und spirituelle Weiterentwicklung. Wir können diese Energie in Form von Gefühlen, Gedanken oder körperlichen Eindrücken wahrnehmen. Gut funktionierende Chakren, die nicht blockiert sind oder sich falsch drehen, führen unserem materiellen Körper als feinstoffliche Energiewirbel dringend benötigte Energie aus unserem direkten Umfeld zu.

Funktionieren die Chakren einwandfrei, fühlst du dich wohl, denkst positiv, nimmst die positiven Aspekte deines Lebens verstärkt wahr, bist dankbar und erfreust dich bester Gesundheit. Generell bist du in einem guten körperlichen und mentalen Gleichgewicht, was dir dabei hilft problematische oder schwierige Situationen leichter zu meistern oder diese gar nicht erst als problematisch oder schwierig anzusehen, sondern als Herausforderungen wahrzunehmen. Ein wirklich wichtiger Aspekt ist, dass du dich im Alltag sicher, stressresistent und ruhig fühlst. Dies hat einen großen Einfluss auf deine Schlafqualität, die wiederum einen erheblichen Einfluss auf deine psychische und physische Gesundheit hat. Dies ist die ideale Vorrausetzung für die persönliche Selbstverwirklichung, liebevolle Beziehungen und Ausgeglichenheit.

Was passiert bei blockierten Chakren und wie entstehen diese Blockaden?

Es ist ganz klar, dass blockierte Chakren einen negativen Einfluss auf unsere Stimmung und unsere Gesundheit haben.

Jedes blockierte Chakra hat seine ganz eigenen Symptome, da jedes Chakra für einen anderen Körperbereich und verschiedene Organe zuständig ist. Mehr Details zu diesen spezifischen Symptomen findest du in den jeweiligen Kapiteln über die einzelnen Chakren. Aber wie kommt es zu einer Blockade eines Chakras? Beispielsweise können traumatische Erlebnisse, die mit heftigen negativen Emotionen einhergehen, die Chakren in ihrer Arbeit einschränken. Da alle Chakren miteinander verbunden sind, liegt meist eine Einschränkung aller Chakren vor.

Ausgeglichene Chakren, die zueinander in einem harmonischen Verhältnis stehen, sorgen dafür, dass wir uns vital, lebensfroh und energiereich fühlen. Die Symptome eines blockierten Chakras sind also ein Hinweis darauf, in welchem Bereich wir blockiert sind und uns weiterentwickeln können. Dies kann durch spirituelle Lernprozesse und Meditation geschehen – über die Chakren-Meditation erfährst du im Laufe des Buches noch einige Details!

Kapitel 2: Die sieben Chakren im Detail

Nun da du einiges an Hintergrundwissen über die Chakren, ihren Ursprung und ihre Aufgabe erfahren hast, können wir uns den sieben Chakren im Detail widmen. Jedes Chakra hat seinen ganz eigenen Aufgabenbereich, versorgt einen bestimmten Teil des Körpers mit Energie und ist mit spezifischen Nerven und Organen verbunden. Durch das detaillierte Wissen über die einzelnen Chakren kannst du leicht herausfinden, welches deiner Chakren vielleicht blockiert ist und welche Auswirkungen dies auf deine körperliche und geistige Gesundheit hat. Möglicherweise erkennst du ein in diesem Kapitel beschriebenes Symptom oder ein Krankheitsbild an dir selbst wieder und kannst von diesen Informationen darauf schließen, welches Chakra bei dir blockiert ist.

Die sieben Chakren sind das Muladhara/Wurzelchakra, Svadhisthana/Sakralchakra, Manipura/Solarplexuschakra, Anahata/Herzchakra, Vishuddha/Halschakra, Ajnya/Stirnchakra und Sahasrara/Kronenchakra.

Muladhara – Wurzelchakra – 1. Chakra-Punkt

Das erste Chakra ist das Muladhara/Wurzelchakra, welches zwischen den Genitalien und dem Anus, also ungefähr beim Damm liegt. Dieses Chakra ist die Wurzelstütze und somit die Grundlage deiner spirituellen Entwicklung, deiner Erdung, deiner Lebenskraft und deines Urvertrauens. Im Muladhara/Wurzelchakra befindet sich die Kundalini-Kraft, über die du im vorherigen Kapitel schon einiges erfahren hast. Das Wurzelchakra ist deine Verbindung zur physischen Welt und liefert dir Energie aus der Kraft der Natur. Dies sorgt im

Idealfall für Stabilität und Sicherheit, deinen Überlebenswillen, authentische Spiritualität, Lebensfreude, die Erkennung des Lebenssinns und der persönlichen Ziele im Leben. Falls du also Schwierigkeiten bei der Festsetzung langfristiger Ziele und deiner Lebensplanung hast, könnte dein Wurzelchakra blockiert sein.

Die Farbe des Muladhara/Wurzelchakras ist Rot, sein Symbol ein vierblättriger Lotus, ihm ist der Planet Mars zugeteilt und sein Element ist die Erde. Zudem wird diesem Chakra der Geruchssinn zugeteilt, da sich dieses Chakra zu der Zeit im Kleinkindalter entwickelt, zu der der Geruchssinn dominiert. Für Säuglinge ist der Geruch der Mutter ein sicheres Zeichen für Sicherheit und schenkt ihnen Geborgenheit. Die Verbindung und Beziehung zur Mutter in den ersten Lebensjahren ist dementsprechend für die Entwicklung und Funktion dieses Chakras besonders wichtig. Tiefsitzende Ängste vor den eigenen Lebenserfahrungen können dieses Chakra blockieren.

Menschen mit einem stark ausgeprägten Muladhara/Wurzelchakra sind lebensfroh, stehen „mit beiden Beinen im Leben“, haben ein gutes Urvertrauen, sind ausdauernd, haben gesunde Beziehungen zu materiellen Aspekten des Lebens (Reichtum beispielsweise) und sind mit der Natur verbunden. Dementsprechend sind Menschen mit einem schwach ausgeprägten Muladhara/Wurzelchakra meist orientierungslos, antriebslos, eifersüchtig, sowie von finanziellen und existenziellen Ängsten geplagt. Dies kann einerseits durch schlechte Fürsorge ihm frühen Kindesalter begründet sein und andererseits auch durch die wachsenden gesellschaftlichen, manchmal unnatürlichen Anforderungen an den Menschen.

Svadhisthana – Sakralchakra – 2. Chakra-Punkt

Das zweite Chakra wird Sakralchakra, Sexualchakra oder auch Milzchakra gennant und liegt eine Handbreit unter dem Bauchnabel auf Hüfthöhe. Dieses Chakra ist für unsere Kreativität, unsere Leidenschaft, unsere Emotionen, unser Lebensfluss und unsere Beziehung zum eigenen Leben verantwortlich. Das Svadhisthana/Sakralchakra wird zumeist mit der Sexualität in Verbindung gebracht, ist aber zudem außerordentlich wichtig für das Erleben von Emotionen. Nur auf diese Weise können wir das Leben emotional wahrnehmen, uns hingeben, Schönheit wahrnehmen und unsere Erfahrungen intensiv durchleben.

Die Farbe des Svadhisthana/Sakralchakras ist Orange, sein Symbol ein sechsblättriger Lotus, ihm ist der Planet Venus zugeteilt und sein Element ist das Wasser. Das Svadhisthana/Sakralchakra wird zwischen dem dritten und fünften Lebensjahr und im Teenageralter verstärkt ausgebildet. In dieser ersten frühkindlichen Phase ist es besonders wichtig zu lernen, die eigene Lebensfreude zu erleben und auszudrücken. Diesem Chakra ist das Sinnesempfinden Schmecken zugeordnet. Kommt es zur Unterdrückung der eigenen Sexualität in der pubertären Phase oder gar zu sexuellem oder emotionalem Missbrauch im Leben, wird das Svadhisthana/Sakralchakra blockiert, sodass emotionale und sexuelle Erfahrungen, Empfindungen und Bedürfnisse nicht mehr ausreichend wahrgenommen, ausgedrückt und verarbeitet werden können. Dies kann sich im Sexualleben durch Scham vor den eigenen Bedürfnissen, Angst vor körperlicher Nähe oder Sexualität zeigen. Dies schränkt natürlich ein Intimleben im großen Maße ein!

Menschen mit einem blockierten Svadhisthana/Sakralchakra drücken diese Blockade meist durch Suchtverhalten, Stimmungsschwankungen, freiwillige Einsamkeit, Schuldgefühle, Eifersucht, Kontrollverlangen, Beziehungsschwierigkeiten und erhöhte Libido, zwanghafter Sexsucht, Frigidität, Errektionsstörungen oder Orgasmusschwierigkeiten aus. Auf körperlicher Ebene kann sich eine Blockade des Svadhisthana/Sakralchakras durch häufige Infekte des Harnsystems oder Fortpflanzungsschwierigkeiten äußern. Menschen, deren Svadhisthana/Sakralchakra gut funktioniert können sich gut weiterentwickeln, leben mit ihrer schöpferischen Kraft in Einklang, können genießen, erfreuen sich höchster Lebenskraft und können sie blockierende Dinge gut loslassen. Sie können ihre Sexualität, ihre Sinnlichkeit und Lebensfreude ungehindert ausdrücken und ausleben. Dies drückt sich oftmals durch eine starke Selbstliebe und Selbstakzeptanz aus, was sich wiederum positiv auf die zwischenmenschlichen Beziehungen auswirkt. Menschen mit einem geöffneten Svadhisthana/Sakralchakra durchleben ihre Emotionen bewusst, nehmen ihre menschlichen Bedürfnisse wahr, fühlen sich in einer Elternrolle wohl und genießen die Nähe anderer Menschen.

Manipura – Solarplexuschakra – 3. Chakra-Punkt

Das dritte Chakra ist das Manipura/Solarplexuschakra, das sich auf der Höhe des Solarplexus befindet. Das Manipura/Solarplexuschakra steht primär für die persönliche Entwicklung, Selbstverwirklichung, das Selbstvertrauen, die Verarbeitung emotionaler Erfahrungen, der Wahrheitssuche, der Durchsetzungskraft und die Identitätssuche. Dieses Chakra steht in enger Verbindung mit den Verdauungsorganen, der Gallenblase und der Leber. Körperliche Probleme in diesem Bereich weisen also darauf hin, dass die Entwicklung der eigenen Persönlichkeit stagniert. Unsere Persönlichkeit bildet sich durch die bewusste und unbewusste Verarbeitung unserer individuellen Erlebnisse.

Die Farbe des Manipura/Solarplexuschakra ist Gelb, sein Symbol ein zehnblättriger Lotus, ihm ist dem Mond und der Sinneskanal Sehen zugeteilt und sein Element ist das Feuer. Das Manipura/Solarplexuschakra wird zwischen dem fünften und zwölften Lebensjahr ausgebildet. In dieser Zeit formt sich die Persönlichkeit des Menschen stark und der gesellschaftliche Radius wird ausgeweitet, man lernt sich also selbst besser kennen. Wie kommt es zu einer Blockade vom Manipura/Solarplexuschakra? Werden Kinder in dieser Phase mehr kritisiert als gefördert und gelobt oder die Liebe der Mitmenschen an Bedingungen geknüpft, so leidet das Selbstvertrauen durch Versagensängste oder Angst vor Liebesentzug enorm. Ein liebevolles Umfeld, gut verarbeitete Emotionen und ein gesunder Abstand zu gesellschaftlichen Bewertungen der eigenen Person sind eine gute Basis für die Entwicklung des Manipura/Solarplexuschakras.

Menschen mit einem gut funktionierenden Manipura/Solarplexuschakra sind selbstbewusst, vital, stark emphatiefähig, stabil, ausgeglichen und haben eine starke Persönlichkeit. Ein geöffnetes Manipura/Solarplexuschakra gibt Menschen die Kraft auch schwierige Herausforderungen zu meistern, die eigenen Ziele mit viel Selbstdisziplin zu realisieren, Verantwortung zu übernehmen und einen gesunden Umgang mit Macht zu pflegen. Menschen mit einem sehr stark ausgebildeten Manipura/Solarplexuschakra können die Energien anderer Menschen verstärkt wahrnehmen oder sogar sehen. Ein blockiertes Manipura/Solarplexuschakra drückt sich meist durch häufige starke Wut, Dominanzwünsche und Manipulationen aus. Menschen mit einer Blockade dieses Chakras fühlen sich häufig nicht geliebt, depressiv, neidisch, verbittert, machtlos und überwältigt.

Anahata – Herzchakra – 4. Chakra-Punkt

Das vierte Chakra ist das Anahata/Herzchakra und ist im Idealfall für Offenheit, bedingungslose Liebe anderer und uns selbst, Dankbarkeit, positive Emotionen, Heilung und Mitgefühl verantwortlich. Dieses Chakra befindet sich, wie der Name schon vermuten lässt, auf der Höhe des Herzens. Das Anahata/Herzchakra ist der Mittelpunkt des Chakren-Systems und stellt somit nicht nur eine Verbindung zwischen den oberen und unteren Chakren dar, sondern auch zwischen der weltlichen und spirituellen Lebensebene. Der Fokus liegt hier auf der bedingungslosen, uneigennützigen Liebe, die wir trotz Verletzungen geben können, und Berührungen/Sensitivität. Wir selbst können uns als Quelle für die bedingungslose Liebe für uns selbst und andere erfahren.

Die Farbe des Anahata/Herzchakras ist Grün/Rosa, sein Symbol ein zwölfblättriger Lotus, ihm ist die Sonne und der Sinneskanal Tasten zugeteilt und sein Element ist die Luft. Das Anahata/Herzchakra wird vor allem in der pubertären Phase ausgebildet, nachdem sich die eigene Persönlichkeit schon gefestigt hat und nun die Grundlage für die Auseinandersetzung mit wirklich tiefgehenden Gefühlen gegeben ist. Dies gibt die Möglichkeit bedingungslose Liebe und spirituelles Wachstum erfahren zu können. Zu einer Blockade des Anahata/Herzchakras kann es durch emotionale starke Verletzungen, wie Trennung, Scheidung, Liebeskummer, Verluste – passiv wie aktiv, kommen. Diese Blockade drückt sich durch starkes Misstrauen, Bitterkeit und Verweigerung der Liebe aus. Haben wir aktiv am Leid anderer Menschen Schuld, kann dies dazu führen, dass wir uns selbst nicht verzeihen können, uns also der Liebe entsagen.

Menschen, deren Anahata/Herzchakra stark ausgeprägt ist, sind gesellig, offen, aufrichtig und tolerant. Sie geben ihre Liebe uneigennützig an ihre Mitmenschen, lachen gerne und nehmen sich selbst mit all ihren Stärken und Schwächen liebevoll an. Die große Toleranz der Menschen mit einem geöffneten Anahata/Herzchakra ermöglicht es ihnen ihre eigene Wahrheit/Lebensweg wahrzunehmen ohne ihre Mitmenschen davon überzeugen zu müssen und haben gleichzeitig die Fähigkeit die Andersartigkeit ihrer Mitmenschen zu akzeptieren. Menschen mit einem blockierten Anahata/Herzchakra lieben andere Menschen nur, um auch deren Liebe zurückzubekommen. Sie leiden nicht selten unter Selbsthass oder narzisstischen Störungen, da sie sich selbst nicht als Quelle der Liebe wahrnehmen.

Vishuddha – Halschakra – 5. Chakra-Punkt

Das fünfte Chakra ist das Vishuddha/Halschakra, welches sich auf der Höhe des Kehlkopfes befindet und der Ausdruck für die Seele und die Wahrheit ist. Das Vishuddha/Halschakra steht für Kreativität, Authentizität, Kommunikation und Inspiration. Hier steht die Kommunikation unserer Gedanken und Gefühle im Vordergrund, wodurch wir unsere Individualität und Einzigartigkeit finden und ausdrücken können. Hierzu ist die gewaltfreie Kommunikation ein starkes Mittel.

Die Farbe des Vishuddha/Halschakras ist Himmelblau, sein Symbol ein sechzehnblättriger Lotus, ihm ist der Planet Merkur und der Sinneskanal Hören zugeteilt und sein Element ist der Äther. Der Äther, also der Raum, gilt in der hinduistischen Philosophie als fünftes Element. Das Anahata/Herzchakra wird vor allem im 16.-21. Lebensjahr aktiviert. In dieser Phase wollen junge Erwachsene ihrer Außenwelt ihre Persönlichkeit präsentieren und verstärkt nach ihrer Wahrheit suchen. Die Ausdrucksformen dafür können verbale und nonverbale Kommunikation, sowie künstlerische Formen, wie Gesang, Tanz, Literatur, Malerei oder ähnliches, sein.

Ein gut funktionierendes

Vishuddha/Halschakra steht ganz eng mit unserer Intuition in Verbindung, wodurch wir unser Lebensziel wahrnehmen und uns selbst finden können. Menschen mit einem starken Vishuddha/Halschakra können die sie umgebenden Schwingungen gut wahrnehmen und setzten sich verstärkt mit den feinstofflichen Dimensionen auseinander. Sie können ihre Gefühle klar ausdrücken, praktizieren gewaltfreie Kommunikation (auch bei Streitgesprächen), haben eine starke Intuition und inspirieren andere Menschen – sie sind authentisch und ehrlich dabei. Dies führt zu einem selbstbestimmten Lebensstil, einem ausgeprägten Freiheitsdrang und einer intensiven Kreativität. Menschen mit einem blockierten Vishuddha/Halschakra hingehen leiden häufig unter Sprachstörungen, wie dem Lispeln, Stottern oder Nuscheln. Sie sind oftmals unsicher, da sie ihren Selbstausdruck noch nicht gefunden haben und ihrer Intuition keinen Glauben schenken. Die fehlende eigene Stimme macht es ihnen schwer fruchtbare Kommunikation über die eigenen Gefühle und Denkweisen zu erleben oder sich durch die Kommunikation in andere Menschen hineinzuversetzen. Durch Lügen versuchen sie sich selbst vor Kritik oder Zurückweisung anderer Menschen zu schützen und gleichzeitig fehlt es ihnen an kreativem Ausdruck.

Ajnya – Stirnchakra – 6. Chakra-Punkt

Der sechste Chakra-Punkt ist das Ajnya/Stirnchakra, das zwischen den Augen auf der Höhe der Hirnanhangdrüse sitzt.

Das Ajnya/Stirnchakra ist dafür verantwortlich, dass wir uns über unsere physische Realität hinausgehend erfahren können und unsere Realität dahingehend erweitern können, also spirituelle Erfahrungen erleben können. Hier liegt der Fokus auf der Kommunikation mit der eigenen Seele, nicht nur um Erkenntnis und Weisheit, sondern auch die eigene wahre Persönlichkeit und Intuition zu erfahren. Durch den physischen Sitz des Ajnya/Stirnchakras auf der Höhe der Hirnanhangdrüse, beeinflusst dieses Chakra die Arbeit der Hirnanhangdrüse: Sie steuert hormonelle Vorgänge im Körper und die Drüsentätigkeit im Körper. Darüber hinaus versorgt das Ajnya/Stirnchakra das zentrale Nervensystem mit Energie. Menschen mit einem geöffneten Ajnya/Stirnchakra haben einen wachen Geist und leben nach ihrer inneren Körperuhr. Der Fokus liegt hier auf dem kosmischen Bewusstsein, dem Hellhören/Hellsehen, außersinnlicher Wahrnehmung, Weisheit und dem Einklang unserer Intuition mit den kosmischen Schwingungen.

Die Farbe des Ajnya/Stirnchakra ist Indigoblau, sein Symbol ein sechsundneunzigblättriger Lotus, ihm ist der Planet Jupiter und der sechste Sinn zugeteilt und sein Element ist die Zeit. Das Ajnya/Stirnchakra wird vor allem zwischen dem 21.-27. Lebensjahr, also dann geöffnet, wenn alle vorher genannten Chakren geöffnet sind. Erst dann können wir uns mit unserem eigenen Bewusstsein und den höheren Dimensionen gegenüber öffnen. Vorsicht bei der Einnahme von halluzinogenen Substanzen: Die Überstimulation kann sich negativ auf die Funktion des Ajnya/Stirnchakras auswirken. Durch einen übermäßigen Fokus auf den Verstand und auf Materielles, sowie der Ablehnung von Spirituellem, wie es in unserer westlichen Kultur häufig ist, kann das Ajnya/Stirnchakra blockiert werden. Auch Umweltgifte, wie Fluor, Zucker oder Chlor können die Zirbeldrüse blockieren. Die Zirbeldrüse produziert Hormone, die uns träumen und meditieren lassen, was wiederum für unsere Spiritualität wichtig ist.

Menschen, deren Ajnya/Stirnchakra stark ausgeprägt ist, sind meist sehr fantasievoll, leben im Hier und Jetzt, sind achtsam, konzentriert, logisch denkend, willensstark und von geistiger Klarheit, wodurch sie ihre eigenen Visionen nicht nur gut planen, sondern auch durchsetzen können. Der aktivierte sechste Sinn lässt sie spirituelle Facetten und übersinnliche Kommunikation wahrnehmen, sowie ihr Denken und Fühlen im Einklang schwingend erleben! Menschen mit einem blockierten Ajnya/Stirnchakra leiden häufig unter einschränkenden Glaubensmustern, die durch eine bestimmte Art der Erziehung und gesellschaftlichen Prägung bestimmt sind. Dies führt dazu, dass sich diese Menschen ohne kritisches Denken einem vorherrschenden System unterwerfen, Menschen und Situationen sehr oberflächlich beurteilen und ihren spirituellen Teil ablehnen, was sich in Ängsten, Depressionen und sogar Schizophrenie und Halluzinationen zeigen kann. Auf körperlicher Ebene kann sich ein blockiertes Ajnya/Stirnchakra durch Kopfschmerzen, Migräne und Hirnerkrankungen ausdrücken.

Sahasrara – Kronenchakra – 7. Chakra-Punkt

Das siebte Chakra ist das Sahasrara/Kronenchakra, dass sich ganz oben am Kopf befindet. Hier geht es um die Verbindung der eigenen Persönlichkeit mit dem Göttlichen. Dieses Chakra ist die höchste Stufe der Wahrnehmung und lässt uns die Welt ganzheitlich wahrnehmen. Bei einem vollständig geöffneten Sahasrara/Kronenchakra kann unsere Identität vollständig transzendieren, wir erfahren die Erleuchtung, erfahren inneren Frieden, können unsere Bestimmung verwirklichen und sind endlich eins mit unserer tiefsten Intuition – es lässt uns eins mit dem Universum sein.

Die Farbe des Sahasrara/Kronenchakra ist Weiß, sein Symbol ein tausendblättriger Lotus, ihm sind der Saturn und die göttliche Energie in uns selbst zugeordnet. Das Sahasrara/Kronenchakra wird vor allem zwischen dem 26.-30. Lebensjahr geöffnet, vorausgesetzt die restlichen Chakren sind geöffnet und die Kundalini Kraft konnte über die restlichen sechs Chakren bis zum Sahasrara/Kronenchakra aufsteigen. Sobald alle sieben Chakren geöffnet sind, sind wir erleuchtet und unser individuelles Energiefeld verschmilzt mit dem Kosmos. Es kommt selten zu einer Blockade des Sahasrara/Kronenchakra, sondern vielmehr zu einer Unterentwicklung durch einengende, unlogische religiöse Vorstellungen.

Menschen, deren Sahasrara/Kronenchakra geöffnet ist, haben eine stark ausgeprägte Intuition, tiefes Mitgefühl für andere Lebewesen, Toleranz, begreifen und nehmen die Welt in ihrer gesamten Komplexität an und haben ihren inneren Frieden gefunden. Sie fürchten sich nicht vor der Zukunft, da sie Vertrauen in die Ereignisse des Universums haben, mit dem sie verbunden sind. Menschen, deren Sahasrara/Kronenchakra unterentwickelt ist, fühlen sich oftmals entwurzelt und leer, ihnen erscheint das Leben bedeutungslos und sie haben Angst vor dem Tod, da dies für sie das Ende ihrer Existenz bedeutet.

Kapitel 3: Die Chakren-Meditation

Jetzt hast du einen umfangreichen Überblick über die sieben Chakren erhalten und konntest hoffentlich durch die Beschreibungen herausfinden, welche Chakren bei dir geöffnet sind und wo du noch Herausforderungen vor dir hast. In diesem Kapitel beschäftigen wir uns mit der Chakren-Meditation, die dir dabei helfen kann deine Chakren vollständig zu öffnen. Ich empfehle dir die Chakren-Meditation regelmäßig durchzuführen, denn nur so wirst du auch Erfolge sehen! Nehme dir also täglich mindestens 15 Minuten Zeit für dich und deine Chakren-Meditation! Du siehst, die Chakren-Meditation kann auch in einen stressigen Alltag integriert werden.

Wann und wo du meditierst, ist ganz dir überlassen. Du musst dich wohlfühlen und möglichst ungestört sein, damit du deine Konzentration ganz auf deine Chakren-Meditation richten kannst. Es gibt viele verschiedene Arten der Meditation. Falls du noch nie meditiert hast oder noch nicht sehr geübt im Meditieren bist, dann rate ich dir alle äußeren Störfaktoren, wie Handy, Klingel oder ähnliches abzuschalten und dich an einen ruhigen Ort zurückzuziehen. Manchen Menschen hilft es die Meditation immer zur gleichen Zeit am gleichen Ort durchzuführen, da sich der Geist so auf die Meditation leichter einlassen kann.

Zusätzlich ist es dir überlassen, ob du die Chakren-Meditation für alle Chakren gemeinsam durchführst oder dir einzelne Chakren als Inhalt der Meditation aussuchst. Einsteigern empfehle ich zunächst die Chakren-Meditation für alle Chakren gemeinsam zu absolvieren, bis die eigene Intuition dich in die richtige Richtung leitet und du intuitiv entscheiden kannst, welcher Chakren-Punkt Aufmerksamkeit benötigt.

Was bewirkt die Chakren-Meditation?

Die Chakren-Meditation bewirkt, dass du dich schon nach einigen Tagen oder Wochen wesentlich entspannter und ausgeglichener fühlst. Langfristig hilft dir die Chakren-Meditation dabei, deine Chakren zu öffnen, damit du dich persönlich und spirituell weiterentwickeln kannst. Du besitzt als Mensch die angeborene Fähigkeit dich selbst zu heilen, deine blockierten Chakren also selbstständig zu öffnen. Da die sieben Chakren mit verschiedenen Nerven und Organen verbunden sind, wirst du nicht nur deine psychische Gesundheit verbessern, sondern auch deine körperliche Gesundheit! Ein Gleichgewicht der Chakren wirkt sich positiv auf dein Immunsystem, dein Herz-Kreislauf-System, deine Hautgesundheit und deinen Stoffwechsel aus. Auch schwerwiegende Krankheiten wie Diabetes, ADHS oder Bluthochdruck können durch die regelmäßige Chakren-Meditation gelindert werden. Durch die Arbeit mit deinen Chakren wirst du deine Sichtweise auf die Dinge, die dich umgeben und in dir stattfinden über kurz oder lang verändern und deine Lebensumstände durch die Integration neuer, positiver Gewohnheiten in den Alltag und das Loslassen alter, negativer Gewohnheiten für dich verbessern. Dein Essverhalten wird sich normalisieren, deine Schlafqualität wird sich verbessern und du wirst resistenter gegen Stress. Du wirst schnell merken, dass du dich langfristig mit tiefgründigeren Themen und deiner Gedankenwelt auseinandersetzt.

Bei der Chakren-Meditation beobachtest du deine Gedanken und Empfindungen ganz bewusst, erhältst langsam die Kontrolle über deinen Geist und hast die Möglichkeit negative und positive Geschehnisse aufzuarbeiten.

Die Praxis!

Du sitzt nun in bequemer Kleidung an einem möglichst ruhigen Ort, an dem du nicht von Klingel, Handy oder ähnlichem gestört wirst. Setze dich nun im Schneidersitz oder Lotussitz hin – so wie es für dich bequem ist. Deine Sitzposition sollte dir keinen Anlass geben deine Meditation zu unterbrechen oder dich ablenken. Du kannst dich auch auf ein (Meditations-)Kissen setzen. Nun legst du deine Hände mit den Handflächen nach oben gerichtet auf deine Knie, schließt deine Augen und entspannst jedes Glied deines Körpers ganz bewusst. Gehe von den Zehen aufwärts bis zu deinem Kopf und entspanne jeden Körperteil bewusst!

In dieser ersten Phase der Meditation geht es darum den Alltagsstress loszulassen, sodass du dich ganz auf deine innere Arbeit konzentrieren kannst. Nehme dir für diesen Prozess so viel Zeit, wie du benötigst, denn vorher kannst du mit der eigentlichen Chakren-Arbeit nicht beginnen. Ob dies 30 Sekunden oder 30 Minuten dauert – hier gibt es weder richtig, noch falsch! Mit der Zeit wird dir dieser Schritt immer leichter fallen und du wirst weniger Zeit dafür benötigen.

In der zweiten Phase der Chakren-Meditation konzentrierst du dich ausschließlich auf deine Atmung, die du aber dabei keinesfalls aktiv beeinflusst. Du beobachtest deinen Atem, wie dein Brustkorb sich hebt und senkt, wie die Luft um dich herum eingesogen wird und sich in deinem Körper bis in die Finger- und Zehenspitzen ausbreitet. Vielen Menschen hilft es geräuschvoll durch den Mund auszuatmen. Der akustische Effekt hilft die Konzentration auf der Atmung zu belassen. Mit jedem Ausatmen lässt du negative Emotionen, mentale Giftstoffe und Ablagerungen gehen. Mit jedem Einatmen holst du frische, neue, positive Energie in deinen Körper.

Gedanken kommen und gehen – und das ist auch ok! Nur sehr geübte Meditations-Profis können nahezu gedankenfrei agieren, aber das ist für den Erfolg der Chakren-Meditation auch nicht unbedingt notwendig. Falls der ein oder andere Gedanke in deinem Kopf auftaucht, nehme ihn wahr, bewerte ihn nicht und lasse ihn gehen. Kehre anschließend mit deiner Konzentration zu deinem Atem zurück. Sobald du dich gänzlich auf deine Atmung konzentriert hast, kannst du zur dritten Phase der Chakren-Meditation übergehen.

In der dritten Phase der Chakren-Meditation fokussierst du deinen eigenen Herzschlag. Mit jedem Herzschlag breitet sich Harmonie, Dankbarkeit und Glück in deinem Körper aus. Spüre die Kraft deines Herzens! Nehme dir auch für diese Phase der Meditation so viel Zeit, wie du wirklich benötigst, bevor du zur vierten Phase der Chakren-Meditation übergehst.

In der vierten Phase der Chakren-Meditation stellst du dir vor, wie du beim Atmen orangene Energie in deinen Körper saugst, die jeden Teil deines Körpers stärkt und deine Seele mit Energie und Kraft versorgt. Mit jedem Atemzug werden dein Körper und deine Aura heller und heller, bis auch der letzte Teil deines Körpers mit orangener, heller Energie versorgt ist. Nehme dir genügend Zeit, um dich mit Energie aufzufüllen!

In der fünften Phase der Chakren-Meditation beziehst du dich entweder auf alle Chakren gemeinsam oder suchst dir ein bestimmtes Chakra aus. Ich beschreibe dir nun beispielhaft, wie du diese fünfte Phase für ein Chakra durchführst: Konzentriere dich auf ein Chakra und stelle es dir bildlich als pulsierenden, sich im Uhrzeigersinn drehenden, hellen Energieball vor. Mit jedem Einatmen wird das Leuchten des Chakras stärker und versorgt den umliegenden körperlichen Bereich mit Energie. Versuche diese Energie und den rotierenden Energieball förmlich zu spüren! Diesen Prozess kannst du für alle Chakren durchführen, dabei beginnst du beim Wurzelchakra.

In der sechsten Phase der Chakren-Meditation visualisierst du abschließend alle Chakren gleichzeitig als helle, sich im Uhrzeigersinn drehende Energiebälle, die mit jedem Einatmen heller und stärker werden. Visualisiere, wie diese Energiebälle deinen Körper mit Energie aus deinem Umfeld versorgen. Spüre diesen Zustand einige Zeit ganz intensiv und achte genau darauf, wie du dich fühlst.

Komme nun ganz allmählich wieder im Alltag an und spüre nach, ob sich etwas durch die Chakren-Meditation verändert hat. Diese Fortschritte kannst du schriftlich festhalten!

Kapitel 4: Die passende Ernährung

Um die Öffnung deiner Chakren zu unterstützen, kannst du deine Ernährung optimieren. In diesem Kapitel erfährst du einige Grundlagen zu einer Art der Ernährung, mit der du deine Chakren-Arbeit unterstützen kannst. Seele und Geist bilden eine Einheit, dementsprechend kannst du deine seelische Arbeit durch die passende Ernährung unterstützen. Du wirst nur langfristige Erfolge auf geistiger Ebene sehen, wenn du deinen Körper entsprechend pflegst, deswegen möchte ich dir neben der geistigen, meditativen Arbeit in diesem Kapitel eine wichtige Grundlage der körperlichen Arbeit mit den Chakren vorstellen.

Blockierte Chakren drücken sich auch oftmals durch körperliche Symptome aus. Halsschmerzen bedeuten nichts anderes, als dass das Herzchakra blockiert und dementsprechend die Kommunikationsfähigkeit eingeschränkt ist. Kopfschmerzen oder Nebenhöhlenentzündungen deuten darauf hin, dass das Stirnchakra nicht im Gleichgewicht ist. Unser Körper ist der Wohnsitz unserer Seele und wenn dieser nicht in bester Verfassung ist, ist es unsere Seele auch nicht. An dieser Stelle gibt es aber keinen strengen Ernährungskatalog, da jeder Mensch ganz verschiedene Bedürfnisse hat, die jeder für sich selbst herausfinden muss. Dich erwarten nun einige grundlegende Erkenntnisse über eine allgemeine gesunde Ernährung, die du an deine Bedürfnisse anpassen solltest – höre auf deine Intuition!

Die Ayurvedische Küche

Die Ayurvedische Küche basiert auf der Annahme, dass es drei grundlegende Körpertypen/Doshas gibt, die alle unterschiedliche Bedürfnisse haben. Das Ziel ist es, die körperlichen Bedürfnisse zu stillen und so einen leichteren Zugang zur Meditation zu öffnen. Die drei Doshas sind Vatta, Pitta und Kapha – sie alle reagieren ganz unterschiedlich auf die verschiedenen Lebensmittel. Im Internet kannst du kostenfreie Tests finden, die dich herausfinden lassen, welche Anteile wie stark in deiner Persönlichkeit vertreten sind. So kannst du die Ayurvedische Küche perfekt an deinen Körpertyp und deine daraus resultierenden Bedürfnisse anpassen. Du bist Veganer oder Vegetarier? Kein Problem, die Ayurvedische Küche lässt sich einfach und unkompliziert an deine Ernährungsvorstellungen anpassen.

Die Doshas in Kürze: Der Vatta Typ ist zierlich und kommunikativ, der Pitta Typ muskulös und temperamentvoll, der Kapha Typ ist stabil gebaut und herzlich.

Das Geheimnis der Ayurvedischen Küche ist, dass sich die verschiedenen Geschmacksrichtungen auf die Chakren auswirken und dementsprechend auch auf deine körperliche und geistige Gesundheit. So dürfen keine Gewürze bei den Gerichten der Ayurvedischen Küche fehlen, da Gewürze oftmals Heilpflanzen sind, die Geist und Körper heilen. Gleichwohl wichtig ist, dass die Speisen mit Liebe zubereitet werden und die Mahlzeiten im Beisein netter Menschen stattfindet, also eine soziale Aktivität darstellt und nicht aufgrund von Fernsehen, Handy oder anderen Medien der Fokus vom Essen abgelenkt wird!

Das wohl im Westen bekannteste Rezept der Ayurvedischen Küche ist das der Goldenen Milch! Die Grundlage der Goldenen Milch ist eine Kurkuma Paste, die antioxidative Wirkung hat und das Immunsystem des Körpers stärkt. Dazu werden 150g Kurkuma mit 150ml Wasser (bei Bedarf mehr), 5 Kardamom-Kapseln, 2 Zimtstangen, 1 Teelöffel Walnusskernöl, einer Prise Salz und einer Prise schwarzem Pfeffer (der ist ganz wichtig, der Erhöht die Aufnahmefähigkeit des Kurkuma-Wirkstoffs im Körper!) in einem Topf langsam erhitzt, bis eine goldgelbe Paste entsteht. Falls die Masse anfängt zu klumpen, benötigst du ein wenig mehr Wasser! Diese Paste kann dann luftdicht verschlossen bis zu sieben Tage im Kühlschrank aufbewahrt werden, allerdings solltest du die Kardamom-Kapseln zuvor entfernen. Zur Zubereitung von einem Glas Goldener Milch entnimmst du einen Teelöffel von der Goldenen Paste und löst sie unter stetigem Rühren in 250ml Milch/Sojamilch/Hanfmilch oder (mein persönlicher Favorit!) glutenfreier Hafermilch auf. Das Ganze sollte nicht kochen, sondern nur vorsichtig erwärmt und dann natürlich genossen werden!

Im Internet wirst du schon mit wenigen Klicks zahlreiche zu deinem Dosha passende Rezepte finden. Viel Spaß beim Kochen und Schlemmen!

Kapitel 5: Glossar

Ajnya – Stirnchakra, 6. Chakra-Punkt zwischen den Augen befindlich

Anahata – Herzchakra, 4. Chakra-Punkt auf der Höhe des Herzens

Chakra/Chakren – Rad, Kreis

Doshas – Körpertypen: Vatta, Pitta, Kapha

Gorakshashatakam – Tantrischer Tekst

Halschakra – Vishuddha, 5. Chakra-Punkt am Kehlkopf befindlich

Herzchakra – Anahata, 4. Chakra-Punkt auf der Höhe des Herzens

Kapha – Dosha, Körpertyp

Kronenchakra – Sahasrara, 7. Chakra-Punkt am Scheitel befindlich

Kundalini – Schlangenkraft des Menschen, die sich bei gut arbeitenden Chakren an der Energielinie entlang ausbreitet und für die Erleuchtung sorgt

Manipura – Solarplexuschakra, 3. Chakra-Punkt auf der Höhe des Magens

Muladhara – Wurzelchakra, 1. Chakra-Punkt am Steiß befindlich

Padaka-Pancaka – Tantrischer Text

Pitta – Dosha, Körpertyp

Prana - Lebensenergie

Sahasrara – Kronenchakra, 7. Chakra-Punkt am Scheitel befindlich

Sakralchakra – Svadhisthana, 2. Chakra-Punkt eine Handbreit unter dem Bauchnabel befindlich

Sat-Chakra-Nirupana – Tantrischer Text

Solarplexuschakra – Manipura, 3. Chakra-Punkt auf der Höhe des Magens

Stirnchakra – Ajnya, 6. Chakra-Punkt zwischen den Augen befindlich

Sushumna Nadi – Energielinie entlang der Wirbelsäule, die die Chakren miteinander verbindet

Svadhisthana – Sakralchakra, 2. Chakra-Punkt eine Handbreit unter dem Bauchnabel befindlich

Tantra – Kontinuum

Tantrismus – altindische philosophische/religiöse Strömung

Upanishaden – Teil der Veden (siehe Veden)

Vatta – Dosha, Körpertyp

Veden – Altindische philosophische Schriften des Hinduismus

Vishuddha – Halschakra, 5. Chakra-Punkt am Kehlkopf befindlich

Wurzelchakra – Muladhara, 1. Chakra-Punkt am Steiß befindlich

Schlusswort

Super, du hast es geschafft und bist nun ein kleiner Experte über Chakren und Chakrenarbeit. Du hast nun einiges über Spiritualität, dich selbst und die Chakren gelernt und kannst dieses Wissen hoffentlich für deine persönliche Entwicklung und langfristige Gesundheit einsetzen. Vielleicht ist dieses Buch ja ein Anlass, dich intensiver und tiefergehend mit der Thematik der Chakren auseinanderzusetzen und eine Welt kennenzulernen, die abseits unserer materiellen Welt existiert?

In diesem Buch hast du eine beispielhafte Chakren-Meditation kennengelernt – konntest du sie schon ausprobieren? Sie ist eine tolle Möglichkeit dich selbst Schritt für Schritt besser kennenzulernen, dich neu zu orientieren und mit der Energie zu arbeiten, die dich umgibt. Diese Zeit der Meditation gehört ganz dir und unterliegt keineswegs zeitlichen oder räumlichen Grenzen, denn hier sollst du wachsen, dein inneres Gleichgewicht finden und über dich hinauswachsen! Die Chakren Meditation kannst du natürlich ganz flexibel an deine Bedürfnisse anpassen und du wirst schon nach einigen Malen der Praxis ein gutes Gefühl für deine Bedürfnisse, Schwachstellen und Stärken. Vertraue deiner Intuition!

Du wirst wahrscheinlich schon nach einigen Wochen oder wenn du Glück hast schon nach einigen Tagen merken, dass du entspannter und achtsamer bist, in dir ruhst und dich schon auf die nächste Meditation freust! Für Neueinsteiger auf dem Gebiet der Meditation kann dieser Prozess mitunter länger dauern, da der Körper und der Geist im Durchschnitt vier Wochen benötigen, um sich an eine neue Gewohnheit zu gewöhnen und diese fest in den Alltag zu integrieren. Halte also mindestens vier Wochen durch, um die ersten Ergebnisse wahrzunehmen, es warten unglaubliche Ergebnisse auf dich! Die Meditation ist eine hervorragende Möglichkeit unseren

Geist zu zähmen und ihn für weitere spirituelle Abenteuer zu öffnen.

Um den Effekt der Meditation zu verstärken oder dir selbst beim Einstieg in die meditative Praxis zu helfen, kannst du ätherische Öle oder Kristalle verwenden. Werde kreativ und öffne dich für die vielen Möglichkeiten, die es auf diesem Gebiet gibt!

Ich hoffe sehr, dass dir dieses Buch gefallen hast und du viele nützliche Informationen für deinen Alltag und deine Spiritualität erhalten, sowie neue Ideen und Ansätze für deine mentale und körperliche Gesundheit erfahren hast. Hoffentlich bereichert dieses Buch dein Leben und deine persönliche Entwicklung!

Quellen

- Augner, Hacker, Schwarzenbacher, & Pauser. (2010). Gas Discharge Visualization (GDV): Eine auf physikalischen Methoden und Meridiananalysen basierende Technik zur Untersuchung von Stress-reaktionen und energetischen Schwachstellen: Zwischenbericht laufender Forschung. *Deutsche Zeitschrift Fuer Akupunktur, 53*(2), 14-20.
- Bernhard bin Saîf, S., Bernhard ben Saîf, A., & Knoll, W. (2010). *Tibetische Medizin für den Westen.* Vienna: Springer Vienna.
- Bittlinger, A. (1998). Der Individuationsprozess im Spiegel der Chakrensymbolik. *Analytische Psychologie, 29*(4), 328-341.
- Brunck, M. (2015). Energetische Osteopathie. *Osteopathische Medizin, 16*(3), 33-34.
- Dale, C. (2009). *The subtle body : An encyclopedia of your energetic anatomy*. Boulder, Colo.: Sounds True.
- Deekshitulu, B. (2014). Healing of chakras meditation on psychological stress. *Indian Journal of Positive Psychology, 5*(4), 398-402.
- Ganz, C. (2015). Bericht zum 8. ASA TCM-Kongress in Solothurn. *Schweizerische Zeitschrift Für Ganzheitsmedizin / Swiss Journal of Integrative Medicine, 27*(1), 20-22.
- Heise, T. (2001). Traditionelle chinesische Medizin. *Psychotherapeut, 46*(3), 188-195.
- Hoopen, P., Trompenaars, A., & Wijffels, H. (2009). *The enlightened leader an introduction to the chakras of leadership / Peter ten Hoopen & Fons Trompenaars ; [foreword by Herman Wijffels].* Hoboken, N.J.: Wiley.
- Linck, G. (2016). Yoga – Königsweg aus dem alten Indien. *Deutsche Zeitschrift Fuer Akupunktur, 59*(3), 24-26.
- Raingruber, B. (2008). Power Chakras. *Qualitative Inquiry, 14*(8), 1471.

- Stux, G. (2001). Akupunktur und traditionelle chinesische Medizin State of the Art und Stellenwert in der Praxis. *Manuelle Medizin, 39*(4), 182-184.
- Stux, G. (2008). Spirituelle Akupunktur. *Deutsche Zeitschrift Fuer Akupunktur, 51*(1), 62-65.
- The Power of Chakras. (2014). *California Bookwatch*, California Bookwatch, March, 2014.
- Tretter, F., & Simon, K. (2017). Philosophische Positionen zur Nachhaltigkeitsforschung. *Gaia, 26*(3), 291-292.

Impressum

Business Center

Dubai World Center

P.O. Box 390667

Wichtiger Hinweis:

Die in diesem Buch enthaltenen Informationen dienen ausschließlich informativen Zwecken und dürfen unter keinen Umständen als Ersatz für eine professionelle Beratung oder Behandlung durch ausgebildete und anerkannte Ärzte angesehen werden. Diese beinhalten keinerlei Empfehlungen bezüglich bestimmter Diagnose- oder Therapieverfahren. Die Inhalte dürfen niemals als eine Aufforderung zur Selbstbehandlung oder als Grundlage für Selbstdiagnosen und -medikation verstanden werden. Die Informationen spiegeln lediglich die Meinung des Autors wieder. Der Autor übernimmt für die Art oder Richtigkeit der Inhalte keine Garantie, weder ausdrücklich noch impliziert.

Sollten Inhalte des Buches gegen geltendes Recht verstoßen, dann bittet der Autor um umgehende Benachrichtigung. Die betreffenden Inhalte werden dann umgehend entfernt oder geändert.

Haftung für Links

Das Buch enthält Links zu externen Webseiten Dritter, auf deren Inhalte wir keinen Einfluss haben. Deshalb können wir für diese fremden Inhalte keine Gewähr übernehmen. Für die Inhalte der verlinkten Seiten ist stets der jeweilige Anbieter oder Betreiber der Seiten verantwortlich. Die verlinkten Seiten wurden zum Zeitpunkt der Verlinkung auf mögliche Rechtsverstöße überprüft. Rechtswidrige Inhalte waren zum Zeitpunkt der Verlinkung nicht erkennbar. Eine permanente inhaltliche Kontrolle der verlinkten Seiten ist jedoch ohne konkrete Anhaltspunkte einer Rechtsverletzung nicht zumutbar. Bei Bekanntwerden von Rechtsverletzungen werden wir derartige Links umgehend entfernen.

Printed in Poland
by Amazon Fulfillment
Poland Sp. z o.o., Wrocław

54627301R00025